AF226509

M. Paul CLÉMENT

VOCAT AU TRIBUNAL CIVIL DE VALOGNES,

ANCIEN BATONNIER DE L'ORDRE.

ESQUISSE BIOGRAPHIQUE

PAR

J. MARIE.

VALOGNES,

IMPRIMERIE G. MARTIN, LIBRAIRE,

Rue des Religieuses.

1868

La vraie grandeur est dans la dignité du caractère, et quelles que soient d'ailleurs sa position et son influence dans la société, l'homme ne vaut réellement que par le bien qu'il fait et les services qu'il rend. Aussi doit-on hautement esti- , mer ceux dont la vie n'a été qu'un dévouement continuel à la cause de la justice et aux intérêts de tous. De ce nombre fut Monsieur Clément. Valognes et le pays l'ont vu à l'œuvre durant plus de quarante ans et, dans cette longue carrière, son courage, son intégrité, sa bienveillance ne se sont jamais démenties. Honnête, utile, généreux, sans bruit ni préten-tions, simple et modeste, il s'est oublié lui-même, pour ne songer qu'aux autres. Sa vie, rarement agitée, s'est consu-mée dans un labeur incessant, et sa réserve a égalé son désintéressement, de sorte qu'aujourd'hui il ne nous reste guère de cet homme, qui a tant travaillé pour les autres, que le souvenir d'une existence probe et laborieuse. On fait quelquefois beaucoup de bruit autour de ceux que l'opulence ou le crédit environnent de leur prestige; le mérite n'a jamais recherché ces hommages bruyants, mais on doit à l'homme de bien de dire simplement ses vertus et, quand il n'est plus, de le proposer pour exemple. C'est là du reste une justice que notre société se plait à rendre elle-même et l'honnête homme n'a point, ici-bas, de plus douce récompense, que ce respect, dont il est honoré durant sa vie et qui s'attache à sa mémoire. Monsieur Clément l'a éprouvé : je ne saurais avoir pour but de lui donner ici des éloges apprêtés, inutiles d'ailleurs ; il me suffira et, ce sera une tâche douce et facile à remplir, d'esquisser rapidement sa vie, de rappeler combien il fut laborieux, loyal, désinté-ressé, de montrer en lui le talent uni à l'intégrité du carac-tère, l'homme de bien, un de ces avocats enfin, que ne saurait oublier le barreau de Valognes, qui en a toujours compté de si distingués. A une époque où trop souvent l'égoïsme, l'envie ou la vanité aveuglent les esprits et font régner l'in-justice et l'ambition, il ne saurait être inutile de s'inspirer de l'exemple de ceux qui, par leur conduite, ont protesté contre ces défauts ou ces travers. L'intelligence et le cœur ne peuvent au contraire qu'y gagner en élévation, en res-pect de la vérité et en amour de la justice.

Paul-Louis Clément, est né à Saint-Germain-de-Varreville,
le 14 mai 1803, d'une famille qui compte parmi les plus
anciennes et les plus honorables du pays. Élève du collége
de Valognes, il se distingua par la solidité de son intelligence, une nature droite et généreuse et de nombreux succès. Après de brillantes études à la Faculté de droit de Caen,
où s'affirmèrent de plus en plus la justesse de son esprit et
la loyauté de son caractère, il entra, en 1824, au barreau de
Valognes; il y est resté toute sa vie.

Les rangs étaient pressés; le talent, l'expérience et le crédit de ceux qu'il trouvait près de lui, rendaient le début difficile, l'épreuve longue et périlleuse. Le jeune avocat de
vingt et un ans ne se découragea point et quelques années
lui suffirent pour conquérir une place au premier rang.
C'est qu'en effet il possédait, à un degré éminent, toutes
les qualités qui font ordinairement les avocats distingués. A
une intelligence sûre, à un jugement sain, il unissait un
amour du travail vraiment étonnant. D'une réserve pous-
sée quelquefois jusqu'au scrupule, il ne s'avançait qu'a-
vec une extrême prudence , se défiant toujours de lui-
même, interrogeant sans cesse la doctrine, la jurisprudence,
demandant au passé, à l'histoire, à tout ce qui pouvait l'é-
clairer, des conseils et des enseignements. Il saisissait avec

beaucoup de perspicacité l'élément essentiel du procès et s'y attachait avec une opiniâtre persévérance. Il excellait dans la recherche des moyens et ne s'arrêtait jamais sans avoir épuisé toutes les sources d'où la vérité pouvait jaillir. Se repliant sur elle-même, son intelligence creusait lentement, mais avec une pénétration surprenante, les matières les plus simples, aussi bien que les plus complexes. Pour lui, bien instruire était le premier devoir de l'avocat. Fallait-il multiplier les moyens d'investigation, dérouler les procédures les plus volumineuses, il se livrait à ce travail aride, souvent pénible, avec je ne sais quelle ardeur naturelle, comme si le résultat, qu'il apercevait, eût doublé ses forces. La nuit, lorsque les clients ne se succédaient plus dans son cabinet, il préparait en silence le plan de son discours, enchaînait avec méthode les diverses parties de la discussion et ne se présentait jamais au Palais, sans être prêt à répondre aux objections les plus inattendues.

Fortifié par cette préparation, que trop d'avocats négligent aujourd'hui, il était pour ses adversaires les plus brillants un lutteur redoutable. Un exposé simple et clair ouvrait sa plaidoierie, puis, après avoir établi les faits du procès, avec une loyauté qu'on n'a jamais surprise en défaut, il discutait en maître. Son argumentation était logique, serrée, moins vive que précise. Calme d'ordinaire, parfois un peu pénible en débutant, sa parole s'animait peu à peu, s'échauffait par degrés et, à force de bon sens, de vigueur, devenait souvent éloquente. Le sillon creusé non sans efforts laissait une trace indestructible et les habiletés les plus ingénieuses, les réparties les plus véhémentes ne parvenaient pas toujours à le remplir. Il fallait s'avouer vaincu. M. Clément découvrait en effet, avec une habileté saisissante, l'adresse de son contradicteur, surveillait sa marche, déjouait sa tactique la mieux combinée et, au moment où vous croyiez l'avoir réduit au silence, répondait victorieusement par un raisonnement sans réplique. Ses connaissances

pratiques , son jugement droit , sa délicatesse lui don-
naient une autorité qu'il était difficile de balancer, et, au
sein d'un barreau, qui comptait beaucoup d'hommes du
plus haut mérite, s'il n'était pas le plus brillant, M. Clément
était un des plus estimés. Ses confrères lui rendaient hommage et quelquefois avec une spontanéité et une grandeur
de sentiment, qui ne les honorait pas moins que lui-même.
Il plaidait un jour contre cet avocat que Valognes a perdu
depuis longtemps déjà, dont le talent a brillé d'un éclat si
vif et laissé, par sa distinction, d'ineffaçables souvenirs. Une
fin de non recevoir, en apparence insurmontable, lui était
opposée; muni de documents, dont la découverte lui avait
coûté de longues recherches, M. Clément discuta avec une
énergie irrésistible. On attendait avec anxiété la réponse de
son adversaire. Messieurs, dit celui-ci, avec ce tact exquis,
qui le caractérisait, je n'ai pas à plaider contre l'évidence.
Quel éloge aurait pu être plus flatteur et plus précieux ?

Les succès de M. Clément ne ralentirent point son ardeur
pour le travail. Cherchant le vrai et le juste avec une persévérance infatigable, il vit affluer chez lui des clients, que
lui gagnait l'honnêteté de son caractère non moins que son
talent. Naturellement conciliant, il essayait de prévenir ou
d'arrêter les procès et usait de toute son autorité, pour faire
réussir une équitable transaction. Aussi a-t-on pu dire de
lui ce que le philosophe romain disait à la louange de Sul-
picius : *neque constituere litium actiones malebat, quam con-
troversias tollere.* Et jamais avocat ne mérita mieux que lui
ce magnifique éloge.

Consulté par de grands personnages, il a été mêlé aux
plus graves procès, que le tribunal de Valognes ait eu à
juger depuis quarante ans. Combien n'a-t-il pas composé de
mémoires dont la valeur a été proclamée solennellement
devant les juridictions les plus élevées ! Où trouver en effet
plus de fermeté, de précision, de netteté que dans ces œu-
vres dont la plupart devaient être oubliées avec l'affaire, qui

les avait vues naître ? Le style de M. Clément était, comme sa parole, simple, mais soutenu, énergique quand il le fallait, toujours sans prétention et sans emphase. On sent que l'intérêt de la cause a seul inspiré l'auteur et là, où il aurait pu faire briller ses connaissances, cet intérêt, sa loi suprême, lui a imposé une réserve bien rare et souvent peu comprise. Quelques-uns de ses mémoires lui ont coûté de très pénibles travaux et plusieurs sont, en ce genre, de véritables chefs-d'œuvre. On sait qu'il a eu l'honneur de terminer le fameux procès, dans lequel la commune de Néhou était engagée depuis deux siècles. Pour atteindre ce résultat, M. Clément compulsa, durant trois mois, à Rouen et à Paris, les archives de notre province et remonta jusqu'au berceau de la Normandie avec une finesse d'induction, qui révélait une intelligence supérieure. Jamais d'ailleurs aucun fiel n'empoisonna sa parole ni sa plume ; dans ses mémoires, comme dans ses plaidoieries, il sut rester digne, simple plutôt que brillant, et ne point blesser son adversaire maladroitement ou de parti pris. Rien, il est vrai, n'eût été plus contraire à cette bienveillance, qu'on aimait en lui. Ainsi est-il demeuré fidèle aux traditions de franchise et de loyauté, qui sont le mérite le plus précieux, comme le plus bel honneur de notre profession !

La probité de M. Clément ne le cédait point en effet à son talent et cette probité, non moins que la distinction de son esprit, l'avait fait un des oracles de la cité, suivant la belle expression de Cicéron : *est sine dubio domus jurisconsulti totius oraculum civitatis.* Son naturel honnête se soulevait à la pensée d'une injustice sciemment soutenue et protégée. Aussi sa sévérité dans le choix des affaires et des moyens à faire valoir était-elle inflexible. On le savait ; et, plus d'une fois, les amis mêmes de M. Clément en eurent la preuve. Convaincu que l'avocat se doit tout entier aux intérêts qui lui sont confiés, il consacrait à ses clients son expérience, ses veilles, toutes les ressources de son intelligence, mais il aurait cru manquer à ce devoir, en se chargeant d'une cause dont la justice lui eût paru suspecte. S'était-il engagé, vous le trouviez toujours prêt à vous entendre, à recueillir vos observations. L'affaire de son client devenait vraiment la sienne et, pour les moindres intérêts, aussi bien que pour les plus considérables, il n'épargnait jamais ce travail, que la réflexion féconde et qui exige de longues heures, travail délicat, indispensable à l'avocat pourtant, car, avec lui seul, on pénètre assez intimement tous les replis d'un problème juridique, pour que la solution en apparaisse nette, évidente, décisive.

Ainsi s'écoulait la vie de M. Clément : simple et tout entière consacrée aux affaires, elle rappelait celle des grands jurisconsultes d'autrefois, dont le droit a été l'unique passion et qui, travailleurs obscurs, ont préparé le triomphe de l'équité sur les rigueurs des législations anciennes. Sincèrement attaché aux traditions du barreau, il aimait à les rappeler et à les défendre. A ses yeux, l'avocat doit exercer une magistrature. La dignité de la vie, l'indépendance et la fermeté des convictions lui paraissaient être le naturel apanage de ceux qui ont l'honneur de conseiller et de défendre leurs semblables. Caractère antique, il joignait à une probité sévère une indulgence et une bonté, que les années ne firent qu'accroître. Il s'était appliqué à connaitre les hommes et, toujours en garde contre les exagérations, il aimait à épuiser tous les moyens avant d'user de rigueur. Mais l'honneur du barreau était-il engagé, nul n'était plus ferme, plus inébranlable. Membre du conseil de discipline depuis longtemps, honoré, un grand nombre de fois, du bâtonnat, il était estimé de ses confrères, avec quelle sincérité! ai-je besoin de le dire? Dans une circonstance malheureuse, où sa loyauté avait été attaquée, il reçut d'eux un témoignage d'autant plus honorable, qu'il était rendu par des juges mieux éclairés et plus intègres. Et combien ne les estimait-il pas lui-même! Il était heureux de rendre hommage à leur

talent, d'applaudir à leurs succès avec cette droiture , c
sympathie franche et sincère, qui étaient comme le fond
son caractère.

Content de cette vie , qui lui procurait de si douces sa
factions, M. Clément se renfermait volontiers exclusivem
dans une profession, dont il portait si haut et remplissai
bien les devoirs. On eût dit qu'il était né pour elle : at
retrouve-t-on partout en lui l'avocat qui aime à diriger
éclairer les autres. Membre du comité consultatif de l'arr
dissement, que d'affaires de tout genre n'a-t-il pas examin
toujours avec cette attention et cette sûreté de vues , qui
distinguaient! Là, comme ailleurs, il était inaccessible à
crainte ou à la faveur et souvent ces consultations , qu'i
rédigées en si grand nombre, en éclairant l'administrat
sur les difficultés les plus variées et les plus complexes ,
fait éclater la fermeté et la délicatesse de sa conduite,
même temps qu'elles témoignaient de la science et de l'
dépendance des avocats qui avaient délibéré avec lui.

Un arrêté préfectoral du 12 juin 1855 avait organisé
commissions cantonales pour rechercher les usages loca
ayant force de loi. L'expérience et les connaissances pra
ques de notre regretté doyen le firent nommer membre
la commission du canton de Valognes. Choisi pour sec
taire, il fit, et avec une élégante sobriété, sur ces matiè
délicates, un rapport si précis, si clair, si exact , qu'aujo
d'hui encore ce rapport est consulté comme un code.

Appelé au conseil municipal de la ville de Valognes,
26 juillet 1846 et les 18-19 août 1860, il apporta dans les
libérations le même calme, la même sagacité , le même
prit net, ferme et conciliant. Ennemi par goût et par co
viction , des résistances calculées, homme pratique, do
d'un grand bon sens, il trouvait, sans efforts, le parti le p
utile, et opinait avec une modération, qui rehaussait enco
la valeur de ses arguments. Chargé plusieurs fois de l'ex
men des affaires contentieuses, il mettait la lumière dans

questions les plus complexes. Ses rapports, au sein des commissions ou du conseil, avaient le mérite d'une lucidité et
d'une simplicité de bon goût. On y trouvait ce langage net,
incisif, sobre, qui convient aux affaires. Ici encore M. Clément s'effaçait, pour ne s'occuper que des intérêts qu'il fal-
ait garantir ou concilier. Mérite bien rare et qu'on voit
trop souvent sacrifié au désir de faire briller des connaissances remarquables peut-être, mais dont l'étalage est d'ordinaire superflu.

Parlerai-je de l'administration de M. Clément? Premier
adjoint au maire depuis le 6 mars 1848 jusqu'au 28 septem-
bre de la même année, il se trouva jeté au milieu d'évène-
ments, que je n'ai point à juger ici et que nos concitoyens
ont encore présents à la mémoire. Trente-trois mille deux
cent quatre-vingt suffrages, qui lui furent donnés lors des
élections pour la Constituante, disent assez haut quelles
sympathies environnaient M. Clément. Et si cette popularité
ne lui valut plus tard que d'amers reproches, de sérieux dan-
gers même, d'où l'ordinaire énergie de son caractère et
l'honorabilité de sa vie purent seules le faire sortir, sa
loyauté, sa probité demeurèrent intactes. Rentré depuis pour
ne plus la quitter, dans la vie privée, M. Clément a laissé
voir à ceux qui, sans passion et sans colère, savent juger les
hommes, comment sa conduite, en ces circonstances, de-
vait être appréciée.

Le désir d'être utile aux habitants de la contrée, qui l'a-
vait vu naître et pour laquelle il a conservé, jusqu'au dernier instant, une si vive affection, lui fit accepter, le 4 no-
vembre 1848, la direction du syndicat de Saint-Germain et
de Saint-Martin-de-Varreville, dont il était membre depuis
le 15 juillet 1846. Maintenu dans cette fonction, par des
arrêtés préfectoraux des 9 août 1855, 30 août 1858, 20 mars
1864, il organisa les travaux d'assainissement avec une sol-
icitude qui ne s'est jamais ralentie. Il aimait à s'en occuper
d'une manière toute spéciale et il faisait preuve d'une grande

supériorité d'intelligence dans la conception des plans et
direction des mesures à prendre, pour protéger les terra
contre les envahissements de la mer. Aussi se plaisait-i
montrer à ses amis , aux étrangers les travaux auxquels
avait pris une part si active, et qui ne lui inspiraient t
d'intérêt, que parce qu'ils étaient pour lui un moyen d'ê
utile à la contrée.

Libérales et élevées, les idées de M. Clément étaient to
jours dirigées vers un but pratique ; ennemi des excès
des systèmes , plein de déférence pour la magistrature ,
loux des prérogatives du barreau, fier de les maintenir ,
regardait comme un devoir pour l'honnête homme de do
ner l'exemple du respect, pour tout ce qui est en effet r
pectable. C'était une de ses maximes favorites qu'il faut to
jours mettre les bons procédés de son côté, même quand u
antipathie instinctive vous pousserait à agir autrement. Au
tout respirait en lui je ne sais quoi d'honnête , qui insen
blement vous attirait et vous captivait. Dans son accue
dans les rapports avec lui, on trouvait cette vivacité francl
cette gaieté de bon aloi , qu'on ne connaîtra bientôt plus
que remplacent trop souvent notre urbanité de comman
et notre froide politesse. Avec ses amis, son laisser-aller ét
charmant, avec tous sa bienveillance était extrême. Les é
nements et sa réputation l'avaient mis en relation avec
plus hauts personnages ; il ne rapporta de ce commerce
plus de fierté, ni moins de courtoisie , comme si son âr
toujours semblable à elle-même, eut été supérieure a
mesquines faiblesses aussi bien qu'aux capricieuses faveu
de la Fortune. Il recherchait volontiers les réunions do
l'esprit et l'amitié faisaient le charme ; il y déployait u
verve intarissable ; son aimable gaité y brillait sans co
trainte et sans apprêt et les ressources de sa conversatió
aussi vive que variée, étonnaient et charmaient ses amis. (
aimait à rencontrer cette nature qui se livrait avec tant
simplicité, autant éloignée d'une vulgaire bassesse que d'u

érité étudiée. Que ne retrouve-t-on plus souvent aujour-
i ces qualités agréables, qu'une élégance factice et une
tation ridicule s'efforcent à l'envi de corrompre, et
rquoi faut-il que, pour faire des hommes polis, nos
ges et nos mœurs arrivent presque toujours à ces excès
rres, où l'on ne reconnaît plus des hommes ?

i-je besoin de publier ici le désintéressement, la généro-
de M. Clément ? La réserve, que mille raisons m'impo-
, me permettra du moins de rappeler que, chez lui, le
r fut à la hauteur de l'intelligence, et qu'il sut pratiquer
belles vertus qui honorent l'amitié et la famille.
x-là seuls qui ont pu jouir de l'aimable bienfait de
intimité, savent combien il était bon et généreux ,
bien avec cette vivacité qui ressemblait parfois à la
squerie , il a rendu de services. La bonté éclatait
s toute sa physionomie ; ses traits énergiques , sa
puissante, son front découvert, sur lequel les années
ient à peine imprimé quelques rides et où se réflé-
le calme de son âme, son sourire d'une spirituelle
anche gaieté, tout en lui révélait un caractère honnête. Il
eait les autres, sans haine et sans amertume et sa bien-
lance naturelle l'abandonnait rarement même à l'égard de
x qu'on eût pu croire ses ennemis. Indulgent pour tous,
ère pour lui-même, il savait, avec un tact exquis, donner
bon conseil, un encouragement. N'a-t-il pas fourni de
les preuves de dévoûment ? On l'a vu durant ces dernières
ées, alors que des catastrophes répétées plongèrent dans
leuil tant de familles de notre arrondissement, demeurer
le à ceux dont il était l'ami et les défendre avec une
branlable fermeté, que ne soutenait pas toujours l'espé-
ce. Citerai-je leurs noms........ ? Mais qui ne les connaît ?

Clément leur a consacré ses derniers travaux, et ces
noignages de fidélité et de grandeur d'âme ont noblement
uronné sa carrière.

On sait de quelle affection il aimait les siens. On

sait également qu'il chérissait les jeunes gens et
accueillait avec une bonté au-dessus de tout élo
Combien se sont succédé tour à tour, qu'il a aidés de
conseils et dirigés longtemps dans la carrière des affair
Il se réjouissait de leurs succès au Palais, qu'il a\
préparés et, par une touchante modestie, il leur en rapp
tait tout l'honneur. Après avoir été ses disciples, tous s
devenus ses amis et cette amitié est de celles, dont le ten
ne saurait effacer le souvenir.

On a dit souvent que dans la profession d'avocat, la con
dération et l'estime publique sont l'infaillible récompe
du travail et de la probité. Ainsi en a-t-il été à l'égard
M. Clément. Estimé de tous ceux que les affaires mirent
relations de tous les jours avec lui, il a conquis une répu
tion que la flatterie ne saurait donner ni maintenir et s
nom seul rappelle aujourd'hui l'avocat intègre et désin
ressé, l'ami généreux, l'homme de bien. Il eût pu aspir
à de hautes fonctions ; il leur préféra constamme
sa vie simple et paisible; il est vrai qu'il reçut en retour u
douce récompense, le respect et l'affection. Il faut l'avoir
à sa campagne de Saint-Germain où, depuis plusieu
années, il aimait à se reposer souvent. Ce pays pour lequ
il avait tant travaillé, l'environnait d'une sympath
sincère. On le respectait comme un juge, on l'aimait auta
qu'on l'estimait. Dans sa maison toujours ouverte au pl
pauvre comme au plus riche, au dehors, partout, entou
du même prestige, il exerçait un véritable ascendar
Comment en eût-il été autrement ? Jamais il ne dédaigna
de s'occuper des choses les plus simples, pour rendre servi
à ses voisins; on le consultait sans crainte ; on savait
bienveillance inépuisable. Et certes, c'était un spectac
digne d'admiration, que celui de cet avocat qui, après avo
vieilli dans le barreau et plaidé les causes les plus impo
tantes, pour se reposer des fatigues d'une longue et labo
rieuse carrière, descendait patiemment dans les plus vulga

détails et rendait mille petits services, qu'une intelli-
ce moins élevée eût regardés comme indigne d'elle. Aussi
e m'étonne pas des sympathies, dont il était l'objet. Le
s reconnaissait ainsi ses bienfaits.

Depuis plusieurs années déjà, M. Clément perdait peu à
u ses forces : cruellement éprouvé par la mort de celle
i partagea sa vie, atteint d'ailleurs de rudes souffrances, il
ittait rarement Saint-Germain-de-Varreville. Le mal, qui
tourmentait presque continuellement, s'aggrava d'une
nière effrayante au mois d'août dernier. On dut regarder
mme prochaine la fin de cette utile existence. M. Clément
serva jusqu'au dernier moment la lucidité de son intel-
ence. Toujours sensible aux sympathies qui redoublaient
ur lui, il accueillait encore ses amis avec une reconnais-
ce qu'il ne pouvait plus exprimer hélas ! mais qu'on n'en
ssentait pas moins. Avec quelle effusion, je le sais, les re-
erciant du regard, il leur tendait sa main à demi glacée !
elle douloureuse impression laissait dans l'âme la vue
ne telle nature au milieu de si cruelles souffran-
s ! Brisé par le travail et la maladie, il dut quitter, avant
temps, ses amis, sa famille, son pays. La religion
soutint et le consola à ses derniers instants. Le 6 janvier
68, il s'éteignit, à peine âgé de soixante-cinq ans. Ce jour-
fut un jour de deuil pour le barreau ; nous perdions en
et un de ceux qui l'ont le plus honoré et le plus aimé.

Trois jours après, au milieu d'un nombreux concours
amis et d'habitants réunis pour lui rendre un dernier
mmage, Monsieur Daireaux, l'honorable bâtonnier de
lognes, d'une voix émue et noblement inspirée, lui adres-
it un touchant adieu.

Tel fut M. Clément. Si les grands bouleversements, les
tions d'éclat, la gloire bruyante, de pompeux honneurs
uvent seuls faire vivre un homme dans la mémoire de ses
mblables, notre vénéré doyen sera, sans doute, bientôt
blié. Mais si, ce que je crois pour l'honneur de mon temps

et de mon pays, la droiture du cœur, les sentiments éle
un désintéressement à toute épreuve, une âme probe et
corruptible sont regardés comme des titres à l'admirat
et à la reconnaissance, si l'on préfère à la vanité ambitieu
ou à la fortune insolente, la simplicité et la modeste obs
rité des honnêtes gens, si l'on compte pour quelque ch
le dévoûment à la science et à la justice, en un mot si l
juge les hommes non d'après ce qu'ils veulent être ou
qu'on essaie de les faire paraître, mais d'après ce qu'ils f
et ce qu'ils valent, M. Clément aura cette gloire durable
pure, que méritent les hommes vertueux et bienfaisar
S'il fallait prononcer dès maintenant, je prendrais po
juges tous ceux qui ont connu M. Clément, et qui ont, n
rite plus rare qu'on ne pense, assez d'indépendance po
apprécier à sa juste valeur, un homme dont on ne p
plus rien craindre ni rien espérer. Et je ne crois pas que
mémoire de M. Clément eût à redouter leur jugement.

VALOGNES. — IMPRIMERIE G. MARTIN, LIBRAIRE.

www.ingramcontent.com/pod-product-compliance
Lightning Source LLC
Chambersburg PA
CBHW061629050726
47595CB00007B/3124